Ich kann lesen
Stufe 2

Bambi

Tief im Wald kam
ein Hirschbaby auf die Welt.
Es erhielt den Namen Bambi.
Viele Vögel und andere Tiere
wollten es sehen.

Am liebsten spielte Bambi
mit anderen Tierkindern,
mit Gobo und Feline.
Aber er freute sich auch,
wenn er neue Freunde
entdeckte.

Eines Nachts, als der
Vollmond schien,
sah Bambi seinen Vater.
Das Hirschjunge blieb stehen
und beobachtete ihn.
Sein Vater war ein großer Hirsch
mit einem stattlichen Geweih.

Einmal war Bambi
allein im Wald
und begann zu weinen.
Sein Vater fand ihn.
„Hör auf!", sagte er.
„Du musst lernen,
auf eigenen Füßen zu stehen."

Eines Tages
kam Bambis Mutter
durch den Wald gerannt.
„Renn, Bambi, renn,
die Jäger sind hinter uns her!",
schrie sie.

Plötzlich
gab es einen lauten Knall.
Bambis Mutter fiel tot um.

Bambi blieb stehen.
Jetzt war er allein.
Er hatte die Mutter verloren.
Wieder begann er zu weinen.
Da tauchte der Vater auf
und wachte über ihn.

Bald kam der Winter.
Es fing zu schneien an.
Für die kleinen Hirschkinder
war es der erste Schnee.
Jetzt waren sie immer
auf der Suche nach Futter.

Als es Frühling wurde,
war Bambi schon größer
und kräftiger geworden.
Er raufte sich mit den
anderen jungen Hirschen.
Alle hatten jetzt Hörner.

Eines Tages
kamen die Jäger
wieder in den Wald.
Alle Tiere rannten weg,
auch Bambi.
Doch einer der Jäger
schoss auf Bambi
und verletzte ihn.

Bambi schleppte sich
ins dichte Gebüsch.
Seine Freunde kamen
ihn besuchen.
Sein Vater wachte
über ihn.

Im Sommer war
Bambi wieder gesund.
Er suchte die Freundin Feline,
denn er liebte sie.
Als er sie gefunden hatte,
blieben sie zusammen.

Einige Monate später
kamen Zwillinge auf die Welt.
Bambi wachte über
die kleinen Hirschkinder,
so wie sein Vater
über ihn gewacht hatte.